DISEÑA TU FUTURO

PROFESIONES

AL AIRE LIBRE

Shantel Gobin

Traducción de
Pablo de la Vega

Rourke

ANTES Y DURANTE LAS ACTIVIDADES DE LECTURA

Antes de leer: *Construir los conocimientos previos y el vocabulario*

Los conocimientos previos pueden ayudar a los estudiantes a procesar nueva información y a basarse en lo que ya saben. Antes de leer un libro, es importante aprovechar lo que los estudiantes ya saben sobre el tema. Esto los ayudará a desarrollar su vocabulario y a aumentar su comprensión lectora.

Preguntas y actividades para reforzar los conocimientos previos:

1. Mira la portada del libro y lee el título. ¿De qué crees que tratará este libro?

2. ¿Qué sabes ya sobre este tema?

3. Recorre el libro y hojea las páginas. Mira el índice, las fotografías, los pies de foto y las palabras en negritas. ¿Te han dado estas características del texto alguna información o algún adelanto sobre lo que vas a leer en este libro?

Vocabulario: *El vocabulario es clave para la comprensión lectora*

Utilice las siguientes instrucciones para iniciar una conversación sobre cada palabra.

- Lee las palabras del vocabulario.
- ¿Qué se te viene a la mente cuando ves cada palabra?
- ¿Qué crees que significa cada palabra?

Palabras del vocabulario:

- certificaciones
- cualificaciones
- especialidad
- habilidades
- lugar de trabajo
- pasantía

Durante la lectura: *Leer para entender y comprender*

Para lograr una comprensión profunda de un libro, se anima a los estudiantes a utilizar estrategias de lectura detallada. Durante la lectura, es importante que los estudiantes hagan una pausa y creen conexiones. Estas conexiones dan lugar a un análisis y una comprensión más profundos del libro.

 ## Lectura detallada de un texto

Durante la lectura, pida a los estudiantes que hagan una pausa para hablar de los siguientes aspectos:

- Las partes confusas.
- Las palabras desconocidas.
- Las conexiones dentro del texto, entre el texto y uno mismo y entre el texto y el mundo.
- La idea principal de cada capítulo o título.

Estas estrategias ayudarán a los estudiantes a aprender a analizar el texto con más detenimiento mientras leen.

Cuando termine de leer este libro, vaya a la penúltima página, donde encontrará las **Preguntas después de la lectura** y una **Actividad**.

ÍNDICE

Tus intereses pueden llevarte a escoger una profesión que te gustará mucho. ¿Alguna vez has pensado que un trabajo de oficina no es para ti? ¿Te gusta estar al aire libre? ¿Eres un amante de la naturaleza? ¡Una profesión que te permita estar en contacto con ella podría ser ideal para ti! Exploremos distintas opciones de carreras que llevan a una vida fuera de la oficina.

Pon atención a estos íconos para aprender más acerca de cómo lograr tus objetivos:

 Educación mínima / requiere entrenamiento.

 Tiempo promedio de estudio (más allá de un diploma de secundaria o GED)

 Maneras de mejorar tus **cualificaciones**

cualificaciones: Talentos o habilidades que te hacen capaz de realizar un trabajo.

ENCARGADO DE MANTENIMIENTO

La clave está en el nombre. ¡Los encargados de mantenimiento mantienen algo! Mantienen la salud y apariencia de un espacio externo. Puede tratarse de un jardín pequeño, uno comunitario o incluso un estadio. El trabajo varía dependiendo de la ubicación. Puede incluir cortar el césped, podar arbustos o despejar la nieve. Los encargados de mantenimiento hacen lo necesario para que su **lugar de trabajo** esté en la mejor forma posible. También se encargan de comprar, almacenar y mantener el equipamiento necesario para los espacios exteriores.

lugar de trabajo: Un área donde trabajan las personas.

certificaciones: Documentos que prueban las cualificaciones especiales que has adquirido dentro de un campo de estudio.

GED o diploma de secundaria.

Sin tiempo específico.

Trabajo para una compañía de paisajismo.
Certificaciones en paisajismo u horticultura.

ARQUITECTO DE EXTERIORES

¿Quién colocó los columpios al lado del resbaladero? Fue un arquitecto de exteriores. Los arquitectos de exteriores diseñan lugares al aire libre. Su sitio de trabajo varía desde un parque urbano hasta un sendero en el bosque. Estos profesionales pasan mucho tiempo en sitio para crear ideas para el espacio. En ocasiones, deben pasar un poco de tiempo en un escritorio para dibujar los planos. ¡Si tienes suerte, el escritorio también estará en el exterior! Si no es así, los arquitectos de exteriores deben regresar al aire libre para trabajar con contratistas y otros profesionales para que sus ideas cobren vida.

Licenciatura en Arquitectura de Exteriores. Aprobación de examen de licencia.

4 años.

Pasantía.

pasantía: Un trabajo en el que alguien que está adquiriendo una habilidad o profesión trabaja con un experto en la materia.

SOLDADOR

A los soldadores les gustan los metales. Los soldadores hacen uso del calor para unir diferentes tipos de metales. Muchos pasan el tiempo al aire libre como soldadores de metal laminado, de construcción ¡o incluso bajo el agua! Los soldadores subacuáticos están entre los mejor pagados en el gremio. Eso se debe a que puede ser peligroso y necesitan tener muchas habilidades. Trabajan directamente en el agua o en una cámara especial que es introducida en el agua. Los soldadores subacuáticos reparan cosas como tuberías, embarcaciones o presas.

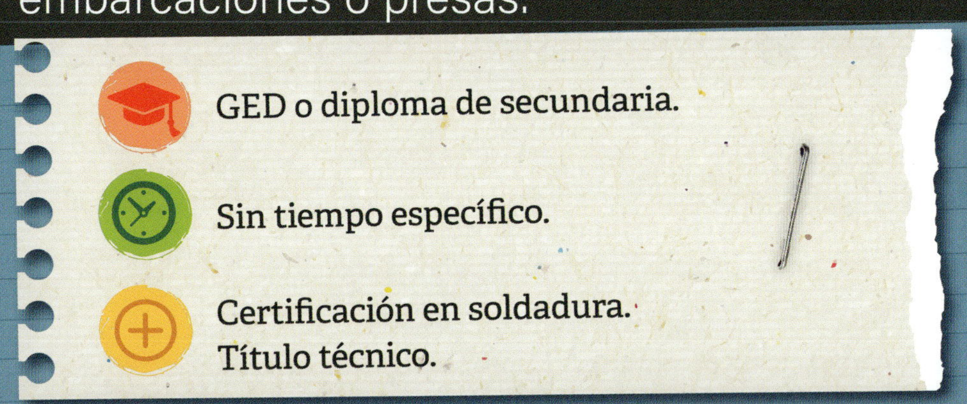

Atajos y pistas

Algunas secundarias ofrecen cursos de soldadura que resultan una excelente manera para iniciarse como soldador. Conseguir un título técnico en Tecnología de Soldadura te dará una ventaja competitiva y permitirá obtener posiciones más altas en el trabajo.

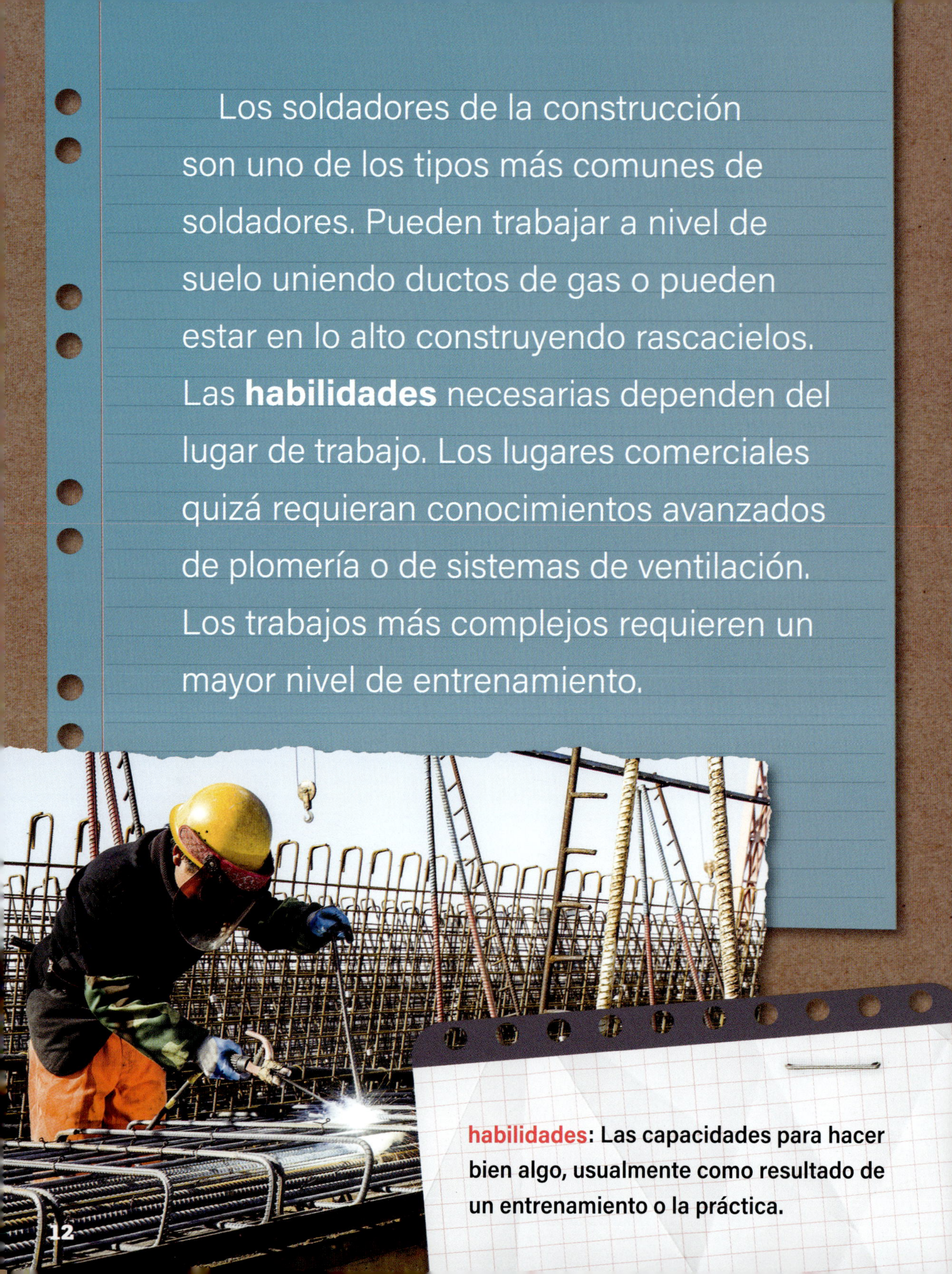

Los soldadores de la construcción son uno de los tipos más comunes de soldadores. Pueden trabajar a nivel de suelo uniendo ductos de gas o pueden estar en lo alto construyendo rascacielos. Las **habilidades** necesarias dependen del lugar de trabajo. Los lugares comerciales quizá requieran conocimientos avanzados de plomería o de sistemas de ventilación. Los trabajos más complejos requieren un mayor nivel de entrenamiento.

habilidades: Las capacidades para hacer bien algo, usualmente como resultado de un entrenamiento o la práctica.

GUÍA DE AVENTURAS AL AIRE LIBRE

¡Muestra el camino! Los guías de aventuras al aire libre llevan a personas a hacer desde caminatas en la tarde hasta excursiones de un mes en la naturaleza. ¡Estos guías trabajan en donde sea que la gente quiera explorar! Los guías pasan mucho tiempo explorando el entorno en el que trabajan. Les enseñan a sus grupos acerca del área y se encargan de que todos estén seguros durante la exploración. Dado que pasan la mayor parte del tiempo al aire libre, las condiciones del clima impactan su horario de trabajo.

Experiencia en tu área de interés (excursiones, senderismo con mochila, ciclismo, campamentos).

Sin tiempo específico.

Certificación como socorrista para ambientes naturales (WFR, por sus siglas en inglés). Experiencia en atención al cliente.

Atajos y pistas

La mayoría de los puestos de trabajo para guías de aventuras al aire libre prefieren que se cuente con una certificación WFR. Para ayudarte aún más, obtén certificaciones adicionales en tu área de interés. ¿Quieres guiar en montañas? Obtén una certificación de la Asociación Estadounidense de Guías de Montaña (AMGA, por sus siglas en inglés). ¿El agua es lo tuyo? Busca las certificaciones que ofrece la Asociación Estadounidense de Canoa (ACA, por sus siglas en inglés).

PILOTO AGRÍCOLA

¿Volar es tu futuro? Los pilotos agrícolas conducen aviones pequeños para rociar campos. Vuelan a baja altura para colocar fertilizantes, fungicidas y pesticidas. Los pilotos agrícolas pueden trabajar desde aeropuertos rurales. Si son dueños de su propio avión de agricultura, pueden trabajar por su cuenta y tener como clientes a dueños de granjas particulares o granjas industriales.

Licencia de piloto comercial.

250 horas.

Licenciatura en un área relacionada.

TOPÓGRAFO

¿Te encantan las matemáticas? ¡Bueno, eso no significa que tengas que estar atado a un escritorio! Los topógrafos registran las medidas de distintos tipos de espacios exteriores. Hay muchos tipos de topógrafos. Algunos trabajan para oficinas gubernamentales locales estableciendo fronteras oficiales terrestres, acuáticas y aéreas. Otros pueden elegir una **especialidad** relacionada con sus intereses. Por ejemplo, los interesados en el derecho penal pueden convertirse en topógrafos forenses y proporcionar durante un juicio evidencias del terreno.

especialidad: La habilidad o área de estudio en la que eres particularmente bueno.

Licenciatura.
Aprobación de examen
de licencia.

4 años.

Experiencia con software de
asistencia de diseño.

Viajar suele ser parte del trabajo de un topógrafo. Esto significa que un topógrafo puede viajar desde dentro de una ciudad, ¡hasta fuera de ella para medir la longitud de una isla recién descubierta! Un trabajo así puede ser demasiado para una sola persona. En esos casos, se necesita de un equipo de topógrafos para llevar a cabo la tarea. Aquellos con más experiencia serán probablemente los líderes del equipo y dirigirán las actividades de trabajo de todo el equipo. ¡El líder también gana más dinero!

BOMBERO FORESTAL

Si quieres una profesión llena de adrenalina, ¡ser bombero forestal te ofrecerá una gran cantidad de ella! Los bomberos forestales apagan incendios en la naturaleza. Pueden volar en helicópteros o caminar por montañas para llegar al incendio. Los equipos especializados, como los de bomberos paracaidistas y los de élite, necesitan un mayor entrenamiento y experiencia. Los bomberos paracaidistas se lanzan desde aviones para apagar incendios en lugares a los que es difícil llegar a pie. Los equipos de élite van a donde el equipamiento no logra llegar en las partes más calientes de un incendio. Usan palas y motosierras para deshacerse de matorrales y arbustos que podrían incendiarse, y derriban árboles para suprimir el fuego.

GED o diploma de secundaria.
Programa de entrenamiento.

3,000 horas.

Unirse como voluntario a un departamento de
bomberos. Licenciatura o licenciatura técnica
en Pirogeografía.

Rema, rema, rema tu canoa no muy suavemente en la corriente. Los guías de canotaje dirigen excursiones de canotaje en aguas bravas. También preparan las balsas, les enseñan a los aventureros los procedimientos de seguridad y dan cursos veloces de canotaje. Algunas excursiones pueden extenderse a la noche, por lo que los guías de canotaje también deben tener habilidades de sobrevivencia en la naturaleza.

Experiencia en ríos.

Sin tiempo específico.

Certificaciones en primeros auxilios y RCP. Licenciatura técnica en Educación al Aire Libre o en Recreación.

Atajos y pistas

Muchos lugares que emplean a guías de canotaje ofrecen entrenamiento y certificaciones en canotaje después de que comienzas a trabajar. Obtener certificaciones en primeros auxilios y rescate te darán una ventaja competitiva.

GEÓLOGO

Haz que la tierra se estremezca estudiando esta carrera. Los geólogos pasan el tiempo explorando las superficies terrestres. Examinan elementos naturales como las rocas, los metales y el petróleo. Los geólogos también estudian desastres naturales o sucesos a través de, entre otros, la recolección de muestras en lugares donde ocurrieron terremotos, deslaves e inundaciones. Algunos geólogos también trabajan para idear maneras de extraer recursos naturales. Pueden pasar parte de su tiempo en laboratorios, examinando las muestras recolectadas.

 Licenciatura.

 4 años.

 Maestría o doctorado.

Esta profesión tiene muchas especialidades, usualmente relacionadas con los intereses de los geólogos. Quienes gustan de los volcanes pueden convertirse en vulcanólogos y monitorear erupciones y recoger muestras de lava caliente. Si a alguien le interesa el mar, puede convertirse en un geólogo marino y aprender cómo lo que sucede en el suelo marítimo afecta al resto del medio ambiente.

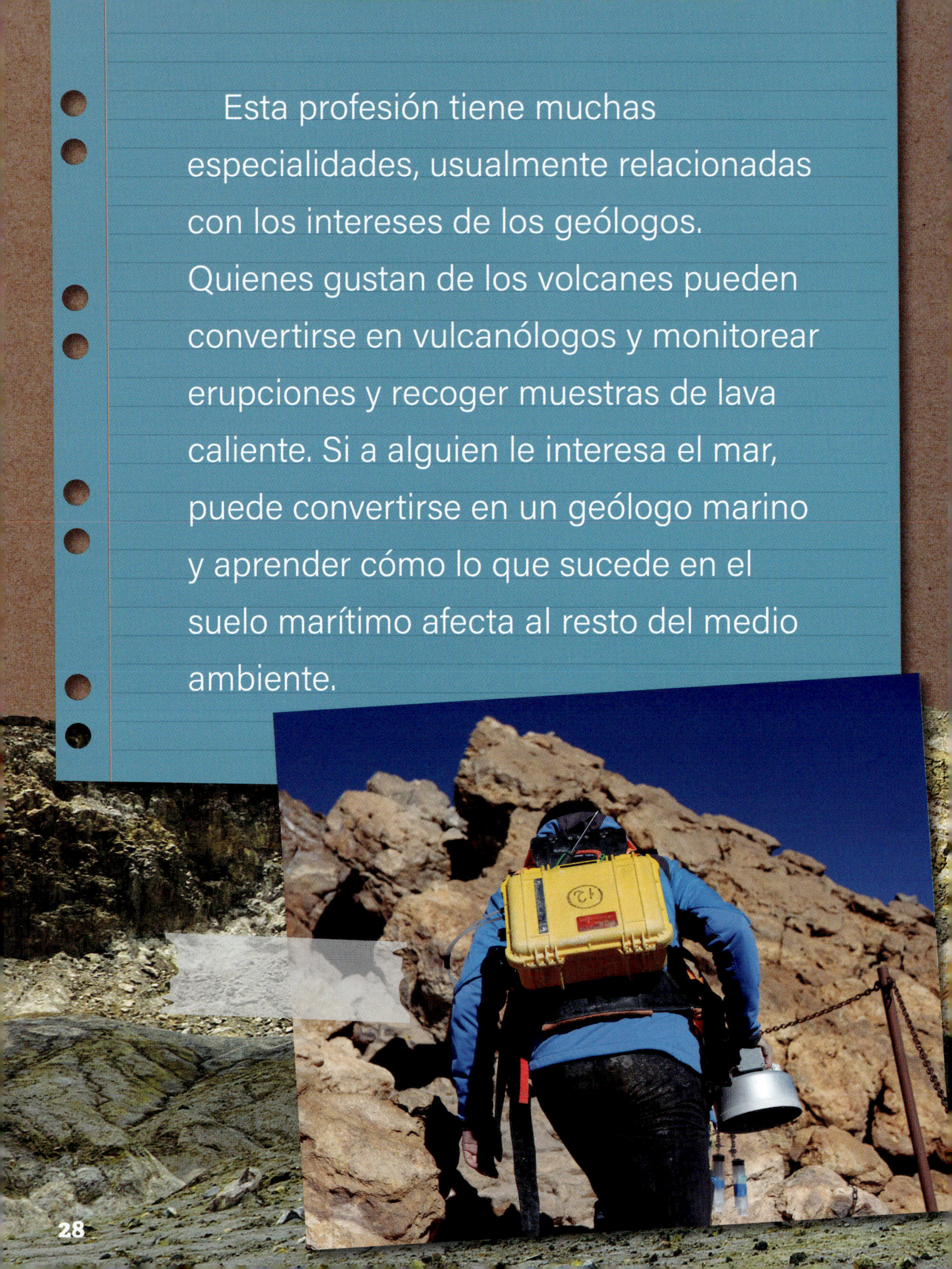

Mira las fotos. ¿Qué recuerdas haber leído en las páginas donde aparecía cada imagen?

ÍNDICE ANALÍTICO

PREGUNTAS DEPUÉS DE LA LECTURA

1. ¿Qué trabajo te puede llevar cerca de un volcán?

2. ¿Qué hacen los soldadores?

3. ¿Quiénes necesitan una licencia de piloto para trabajar?

4. Menciona un equipo especializado de bomberos forestales y qué hacen.

5. ¿A quién llamarías si estuvieras planeando hacer senderismo con mochila?

ACTIVIDAD

Haz una lista de tus intereses y de todas las cosas que te gusta hacer para divertirte. ¿Qué profesión al aire libre tiene más cosas en común con las de tu lista? Busca carreras que sean similares a la de la profesión al aire libre que escogiste. Haz una lista de las que te llaman la atención. Averigua más acerca de esas carreras, como los estudios o entrenamiento que necesitas y cuánto tiempo te tomará lograr tu objetivo.

A Shantel Gobin le encanta ayudar a la gente a crecer y a lograr sus metas. Disfruta de escribir para inspirar nuevas maneras de pensar. Su objetivo es crear una generación de personas deseosas de aprender toda la vida. Vive en Brooklyn, Nueva York, donde trabaja como psicóloga escolar y autora.

www.rourkebooks.com

PHOTO CREDITS: cover, title page: ©Carmen Martínez Torrón/ Getty Images, ©anandaBGD/ Getty Images, ©SolStock/ Getty Images, ©BartCo/ Getty Images; cover, title page, pages 8-9, 12, 15, 18-19, 29: ©marekuliasz/ Shutterstock.com; back cover: ©Olya Fedorova/ Shutterstock.com, ©gdvcom/ Shutterstock.com; title page, TOC, pages 3-32: ©nortongo/ Getty Images; title page, TOC, pages 4, 6, 14, 22, 30-32: ©My Life Graphic/ Shutterstock.com; pages 4-5: ©V. Smirnov/ Shutterstock.com; pages 4, 7, 8, 10, 14, 17, 19, 22-24, 26: ©13ree.design/ Shutterstock.com; pages 4, 7, 8, 10, 14, 17, 19, 22-24, 26: ©RaiDztor/ Shutterstock.com; pages 4, 7, 8, 10, 12-17, 19, 23, 24, 26: ©MichaelJayBerlin/ Shutterstock.com; pages 7, 23: ©Realstockvector/ Shutterstock.com; page 7: ©Kent E Roberts/ Shutterstock.com; pages 7, 30: ©Alexandros Michailidis/ Shutterstock.com; pages 8-9: ©CHUNYIP WONG/ Getty Images; pages 8-9: ©Toa55/ Getty Images; page 9: ©sturti/ Getty Images; page 11: U.S. Navy/Mass Communication Specialist Senior Chief Andrew McKaskle/ Wikimedia Commons; pages 11, 30: ©Sergei Butorin/ Shutterstock.com; page 12: ©zhengzaishuru/ Shutterstock.com; page 13: ©ME Image/ Shutterstock.com; pages 15, 30: ©PamelaJoeMcFarlane; pages 14-15: ©FG Trade/ Getty Images; page 16: ©Lightguard/ Getty Images; pages 16-17: ©SteveMcsweeny/ Getty Images; page 18: ©CatEyePerspective/ Getty Images; pages 18-19, 30: ©Vane Nunes/ Shutterstock.com; page 19: ©New Africa/ Shutterstock.com; pages 20-21: ©stock_colors/ Getty Images; pages 20-21: ©SolStock/ Getty Images; page 21: ©CasarsaGuru/ Getty Images; pages 22-23: ©Toa55/ Getty Images; pages 23, 30: ©Sobrevolando Patagonia/ Shutterstock.com; page 24: ©Ekaterina Soldatenko/ Shutterstock.com; pages 24-35: ©Phuketian.S/ Shutterstock.com; pages 27, 30: ©simonkr/ Getty Images; page 28: ©Maksym Kaharlyk/ Shutterstock.com; pages 28-29: ©jacquesvandinteren/ Getty Images; page 29: ©zaferkizilkaya/ Shutterstock.com; page 29: ©Balefire/ Shutterstock.com

Edición de: Hailey Scragg
Diseño de la portada e interiores de: Alison Tracey
Traducción al español: Pablo de la Vega
Edición en español: Base Tres

Library of Congress PCN Data

Profesiones al aire libre / Shantel Gobin
(Diseña tu futuro)
 ISBN 978-1-73165-984-2 (hard cover)
 ISBN 978-1-73165-972-9 (soft cover)
 ISBN 978-1-73165-976-7 (e-book)
 ISBN 978-1-73165-980-4 (e-pub)
Library of Congress Control Number: 2021952191

Rourke Educational Media
Printed in the United States of America
01-0342511937